생각이
깊어지는
열쇳말

어떻게 생각해?

한국사 3

개화와 척사 흥선 대원군은 왜 나라의 문을 닫았을까?
성장과 분배 어떻게 하면 나라와 국민이 모두 잘 살 수 있을까?

열다

과거는 바뀌지 않아요. 그런데도 우리는 과거에 대해 생각하고는 하지요. 만약에 세종 대왕이 없었다면 우리는 한자를 쓸까, 알파벳을 쓸까? 6·25 전쟁이 안 일어났으면 우리나라는 어떻게 되었을까? 모두 쓸데없는 생각들이에요. 타임머신이 발명되지 않는 한 이미 지나간 과거를 어떻게 바꾸겠어요?

그런데 종종 과거가 바뀌기도 해요. 분명히 같은 역사 속 인물을 두고 전에는 나쁜 사람이라고 했는데 시간이 지나자 훌륭한 사람이라고 말해요. 어떤 사건을 좋게 평가했는데 시간이 지나자 나쁘게 평가하기도 해요. 물론 실제로 과거 사건이 바뀐 건 아니에요. 그 사건이나 인물을 바라보는 시각이 바뀐 거예요. 그래서 '역사는 해석의 싸움'이라는 말이 있는지도 모르겠어요. 앞에 쓸데없다고 했지만 과거의 사건, 역사를 두고 여러 시각에서 생각해 보는 것은 아주 쓸모 있는 일이에요. 지나간 과거에서 배워 미래를 바꿀 수 있기 때문이지요. 역사는 반복되기도 하니까요. 하나의 사건에 대한 여러 생각들을 알아보고 친구들과 의견을 나누다 보면 생각의 힘이 커지고 미래가 더 좋은 방향으로 바뀔 수 있겠지요. 이 책을 읽고 서로 물어보며 이야기를 나누어 보면 어떨까요?

"어떻게 생각해?"

차례

개화와 척사 흥선 대원군은 왜 나라의 문을 닫았을까?

이야기 속으로 • 6

사건 다시 보기 • 28

개화와 척사, 어떻게 생각해? • 30

성장과 분배 어떻게 하면 나라와 국민이 모두 잘 살 수 있을까?

이야기 속으로 • 40

사건 다시 보기 • 62

성장과 분배, 어떻게 생각해? • 64

개화와 척사

흥선 대원군은 왜 나라의 문을 닫았을까?

우리나라가 서양의 새로운 문물을 더 일찍 받아들였다면 일본의 지배를 받지 않았을까요? 혹은 서구 열강의 힘에 휘둘려 나라의 사정이 더 어려워졌을까요? 19세기에 조선의 사정은 매우 혼란스러웠고 나라 밖 세상은 빠르게 변하고 있었어요. 흥선 대원군이 어떻게 했어야 좋았을지 생각해 보아요.

이야기 속으로

상갓집 개, 흔들리는 조선을 걱정하다

"서양 사람들의 코가 그렇게 큰가?"
"그래, 우리 둘의 코를 합친 것보다 크다네. 머리카락 색은 노랗고 눈은 파래서 꼭 도깨비 같다네."
최 씨와 박 씨는 국밥이 나오기를 기다리며 이야기를 나누고 있었다. 보부상인 박 씨가 얼마 전 청나라에 다녀오자 최 씨가 그곳의 이야기를 들려 달라고 했다. 요즘처럼 뒤숭숭한 시절에는 새로운 이야기가 궁금한 법이었다.
"박 씨 자네, 도깨비도 본 적이 있는가?"
"예끼, 이 사람! 말이 그렇다는 거지."
"하하하!"
어느 새 국밥 집에 있던 사람들이 박 씨의 주변으로 하나둘 모여 이야기를 듣고 있었다. 종로는 한양의 중심에 있는 곳이라 소식이 빨리 전해지는 편이었지만 이웃 나라에 다녀와 소식을 전해 주는 박 씨의 이야기는 늘 인기가 있었다. 조선이 생긴 뒤 수백 년 동안 생긴 변화보다 최근 몇십 년 사이에 생긴 변화가 더 컸기 때문에 사람들은 새로운 소식에 민감했다.

사람들의 웃음소리가 잦아들자 옆에서 이야기를 듣던 김 씨가 물었다.

"박 씨! 청나라 얘기 좀 자세히 해 보게. 청나라가 서양에 있는 나라들과 싸우다가 졌다는 게 사실인가?"

"사실일세. 서양 대포와 군대가 얼마나 무서운지, 황제가 깜짝 놀라 두 손 두 발을 다 들었다네."

"우리가 조선 밖으로 나가 본 적이 없다고 그런 거짓말을 하는가? 아무리 그래도 그 큰 청나라가 그렇게 쉽게 항복을 했겠는가?"

누군가의 말에 박 씨가 코웃음을 쳤다.

"누가 쉽게 항복했다고 했나? 청나라가 손을 들 만큼 서양의 나라들이 세다는 말이지."

당시 조선 사람들은 대부분 중국이 가장 힘이 센 나라라고 여겼기 때문에 중국이 서양에 있는 나라에게 졌다는 소식은 커다란 충격이었다.

"그 도깨비들이 조선으로 오면 어쩌지? 여기는 임금님이 사시는 한양 땅이니 괜찮겠지?"

"쳇, 나라님이라고 별수 있나? 그들이 북경까지 쳐들어와 청나라 황제

도 살던 곳에서 도망갔었다는데."

"웬 나라님? 지금 조선에 임금이 어디 있나? 임금은 아무 힘도 없는 허수아비야. 권력은 안동 김씨가 다 쥐고 있지 않나."

19세기에 들어서면서 조선의 상황은 나쁘게 흘러갔다. 1800년, 정조가 갑작스럽게 죽고 순조가 11세의 어린 나이로 왕이 되었다. 처음에는 대왕대비인 정순 왕후가 나랏일을 돌보았으나 1804년부터 순조가 직접 나서면서 순조의 장인인 김조순과 안동 김씨 사람들이 권력을 손에 쥐게 되었다. 이때부터 헌종, 철종에 이르는 60여 년 동안 왕은 힘없는 허수아비가 되었다. 안동 김씨, 풍양 조씨 등 몇몇 유력한 세도 가문이 권력을 쥐고 나라를 흔들었기 때문이다.

세도 정치가 계속될수록 부패가 넘쳐 났고, 참다못한 백성들이 난을 일으키기도 했다. 서양 세력들이 중국과 일본을 넘어 조금씩 조선으로 다가오고 있었는데 당시 지배층들은 자기의 세력을 키우기 바빴다. 백성들은 굶어 죽을 지경이었다.

"그러게 말일세. 안동 김씨 가문이 조선을 손에 쥐고 자기네 마음대로 움직이지 않나?"

"나는 새도 떨어뜨린다는 안동 김씨인데 혹시 서양 도깨비들은 못 잡을까?"

사람들은 혹시 누가 들을까 봐 주위를 살피면서도 킬킬댔다. 박 씨가 말을 받았다.

"서양 도깨비들이 쳐들어오면 제일 먼저 도망가고 말걸? 워낙 돈을 밝혀서 김 씨가 아니라 '금' 씨라지 않나? 서양 도깨비들이 혹시 '금 나와라 뚝딱' 하는 방망이라도 가지고 있으면 모를까!"

"하하하."

박 씨의 말에 사람들의 웃음이 터졌다. 갑자기 최 씨가 사람들한테 손사래를 쳤다.

"쉿! 이제 그만들 하게. 저기 '궁도령'이 오고 있다네."

"상갓집도 아닌데 웬일이지?"

모두들 서둘러 입을 닫았다. 박 씨만 영문을 몰라 어리둥절해하고 있었다.

"궁도령이라니? 그게 누군데?"

국밥 집에 들어오던 한 양반이 박 씨 앞에 털썩 앉으며 말했다.

"한양에 살면서 궁도령을 모르나? 내가 얘기해 주겠네. 조선의 왕족이면서도 안동 김씨의 위세에 눌려 숨어 다니는 인물이 한 명 있단 말이지."

박 씨를 둘러싸고 있던 사람들이 깜짝 놀라 슬금슬금 자리를 떴다. 그 양반은 박 씨 앞에 있던 술을 자기 것처럼 마시더니 말을 이었다.

"커허, 좋다! 궁도령은 무려 영조 대왕의 후손일세. 그런데 안동 김씨 세력이 무서워 집에 틀어박혀 있으니 궁도령이라 불린다네. 그런데 사실 그자가 숨어만 있는 것도 아니라네. 한양 안에 상갓집이란 상갓집은 다

찾아가 술 얻어먹고 다니니 '상갓집 개'라고도 불린단 말이지."

같이 있던 최 씨가 어쩔 줄 몰라 하며 그 양반에게 고개를 숙였다.

"나, 나리. 박 씨가 여기저기를 돌아다니는 보부상이라 이곳 물정을 잘 모릅니다요."

"어이쿠, 자네는 종이 가게의 최 서방 아닌가? 자네가 가게에 없기에 허탕을 쳤나 했더니 여기 있었군. 자네를 찾다가 내 여기까지 왔네. 전에 부탁했던 종이는 들어왔는가?"

"예, 잘 챙겨 뒀습니다. 사람을 시켜 댁으로 보내 드리겠습니다."

"아닐세. 잠시 뒤에 다시 들르겠네. 이따 보세."

자리를 털고 일어나려던 양반이 박 씨를 쳐다보고 말했다.

"아, 자네 궁도령이 요즘은 뭘 하는지 궁금하지 않나? 그 꼴에 손재주는 있어서 그림을 그려 팔아먹고 산다는군. 여기 최 서방네 종이가 좋아서 단골이라니 혹시 오늘 그곳에 갈지도 모르겠네. 하하하."

양반은 호탕하게 웃으며 사람들을 제치고 국밥 집을 나섰다.

얼굴이 벌게진 최 씨는 박 씨한테 눈을 부라렸고, 사정을 모르는 박 씨는 눈만 껌뻑껌뻑하고 있었다.

박 씨에게 이야기를 한 양반이 바로 궁도령이자 상갓집 개라고 불렸으나, 훗날에 흥선 대원군으로 불리며 고종을 대신해 조선을 다스렸던 이하응이었다.

'내가 선택한 길이다. 고작 이 정도에 흔들려서는 안 되지. 조용히 때를

기다려야 한다. 기회가 올 것이다.'

　이하응은 쓸쓸한 마음이 들었다. 아무도 듣는 사람이 없었지만 이런 다짐조차 속으로 해야 했다.

　안동 김씨 세력은 자신들이 계속 권력을 휘두르기 위해서 허수아비 같은 왕을 세우려 했다. 다음 왕이 될 만한 왕족들 가운데 똑똑한 사람은 미리 싹을 잘랐고 쉽게 조종할 수 있는 사람들만 놔뒀다. 이하응은 김씨 세력의 눈길을 피하기 위해 일부러 건달처럼 행동했던 것이다.

　그로부터 몇 해가 지나고 드디어 이하응에게 때가 왔다.

서구 열강, 조선을 탐하다

철종의 건강이 나빠지자 이하응은 바쁘게 움직였다. 철종은 아들이 없어서 다음 왕이 누가 될 것인지 정해지지 않았다. 왕실에서 가장 어른인 대왕대비가 다음 임금을 정할 수 있었다. 오래전부터 이런 상황을 짐작하고 준비해 온 이하응은 대왕대비인 신정 왕후를 만났다. 대왕대비 앞에 엎드린 채 이하응은 조심스럽게 말을 꺼냈다.

"대왕대비마마, 전하께서 병이 깊으시니 얼마나 상심이 크십니까? 하지만 마마께서는 왕실의 최고 어른이시자 나라의 가장 큰 어른이십니다. 나라와 백성을 생각하시어 조선의 앞날을 준비하셔야 하실 줄 아뢰옵니다."

"주상의 건강 때문에 걱정이 많습니다. 혹시 흥선군께서는 무슨 좋은 방법이라도 있으십니까?"

"아뢰옵기 황송하오나 더 이상 안동 김씨들이 나라를 흔드는 꼴은 보지 못하겠습니다. 부족하나마 제 둘째 아들 명복을 양자로 들이시는 게 어떻겠습니까?"

조대비는 이하응의 말을 곰곰이 생각했다.

1863년, 철종이 죽고 대왕대비의 선택으로 자신의 둘째 아들이 왕위에 오르자 이하응은 숨기고 있던 날개를 폈다. 열두 살에 왕이 된 고종을 대신해 임금의 아버지, 대원군으로서 나라를 다스리게 된 것이었다.

'이 날을 위해 얼마나 많은 수모를 참아 왔던가. 다시는 누구에게도 흔들리지 않는 강한 왕권을 세우리라!'

흥선 대원군이 된 이하응은 강력한 왕권을 확립하는 일에 힘썼다. 먼저 안동 김씨들을 몰아낸 후 당파를 가리지 않고 인재를 등용했다. 다음은 비변사를 없애는 일이었다. 비변사는 외적의 침입에 대처하려고 만든 기구인데 세도 가문들이 비변사를 중심으로 정치를 독점해서 힘을 키웠던 것이다.

흥선 대원군은 세금 문제도 고쳐서 양반들에게도 세금을 내게 했다. 양반들의 반발이 컸지만 개혁의 속도를 늦추지 않았다.

나라 안의 문제들을 해결하는 데 온 힘을 쏟던 대원군에게 거센 파도가 연이어 몰아치기 시작했다.

"대원군마마, 함경도에서 연락이 왔습니다. '아라사' 사람들이 무역을

하자고 했답니다."

당시 아라사는 지금의 러시아를 말했다. 청나라가 영국과 프랑스한테 항복한 후, 세력을 넓힐 곳을 찾던 러시아가 조선에 손길을 뻗쳤다. 국경까지 조정해서 조선의 북쪽과 맞닿은 후 지속적으로 무역을 요구했다.

"청나라가 아라사에 국경을 내어 줄 정도로 힘이 약해졌단 말인가?"

"서양 군대가 어찌나 강한지 청나라도 막아 낼 수 없다고 합니다. 바다 건너 일본도 서양에 문을 열었다고 합니다. 이제 서양 여러 나라들이 조선으로 몰려들고 있사옵니다."

"허어, 안 될 일이다. 지금 섣불리 나라의 문을 열어 주면 지금 내가 하고 있는 조선의 개혁이 이리저리 휘둘릴 수밖에 없을 것이다. 서양과의 교역은 국법으로 금지하겠다."

"옛말에 '이이제이'라는 말이 있습니다. 오랑캐는 오랑캐로 막아야 한다는 뜻이지요. 불란서(프랑스)가 힘이 세다고 하니 그들을 이용하는 것이 좋을 듯합니다. 불란서 주교가 조선에 있으니 그들을 만나 보시는 것이 어떻겠습니까?"

"그 말도 일리가 있다. 연락을 취하라."

당시 조선에는 천주교도들이 점점 늘어나고 있었고, 프랑스 선교사들이 들어와 있었다. 그때까지만 해도 천주교에 대해 넓은 마음을 가지고 있던 흥선 대원군은 프랑스 선교사들을 통해 프랑스의 힘을 빌려 러시아를 견제하고자 했다. 하지만 몇 해가 지나도록 프랑스가 힘을 빌려주지 않자 대원군은 천주교 신도들에게까지 마음이 상하기 시작했다. 게다가 유교의 가치를 더럽힌다는 이유로 천주교를 몰아내야 한다는 양반들의 반발도 점점 거세졌다.

1866년이 되자 흥선 대원군은 천주교를 강하게 탄압하기 시작했다. 천주교 신도 수천 명과 프랑스 선교사들의 목숨을 빼앗은 것이다. 병인박해라 불리는 사건이었다.

"마마, 대동강에 외국 배가 나타나 백성들을 공격하고 있다고 합니다."
"뭐라고? 불란서 배인가? 자기네 선교사들의 복수를 하러 온 것인가?"
"아닙니다. 교역을 요구하던 미국의 배인데 관리를 가두고, 대포를 쏴서 죽은 백성도 있다고 합니다."
"미국 상선이 왜? 물건을 팔겠다고 온 배가 왜 무기를 싣고 와 죄 없는 백성을 죽인단 말인가? 박규수에게 조선 백성을 해한 자들을 엄벌에 처하라고 이르라!"

조선이 처음 겪는 서양 세력과의 무력 충돌이었다. 박규수는 백낙연과 함께 '제너럴셔먼호'를 힘겹게 물리쳤다.

하지만 그해 가을, 끝내 프랑스가 자기네 선교사들의 목숨을 빼앗았다고 공격해 왔다. 막강한 대포를 앞세워 강화도를 점령하고 황해도 연안까지 공격했다. 조선 군대는 한 달여 동안의 싸움 끝에 마침내 강화도를 되찾고 프랑스 군함을 내쫓았다. 하지만 프랑스 군대는 강화도에 있던 보물

과 많은 서적들을 훔쳐 갔다. 그리고 대부분은 현재까지도 돌려받지 못하고 있다. 이것이 병인양요라 불리는 사건이다.

조선으로 다가오는 서양의 세력들은 쉽게 물러서지 않았다. 조선과 무역 교섭에 실패한 독일인 오페르트가 미국인과 프랑스 인들을 모아 조선에 들어올 방법을 논의하고 있었다.

"조선의 문이 저렇게 꼭 닫혀 있으니 어떻게 하면 좋겠습니까?"

"밖에서 문을 열 수 없다면 안에서 문을 열게 하면 됩니다."

"무슨 좋은 방법이라도 있습니까?"

"조선 사람들은 조상을 모시는 마음이 남다르다고 하니 그걸 이용하는 것이 어떨까 합니다."

오페르트는 흥선 대원군의 아버지인 남연군의 묘를 도굴하자고 했다. 남연군의 시신을 가지고 있으면 흥선 대원군이 돌려받기 위해 무역을 할 것이라는 계산이었다.

백 명이 넘는 다국적 도굴단을 꾸린 오페르트는 남연군의 묘가 있는 충청남도 예산으로 향했다. 다행히도 도굴은 실패했고 이 사실을 알게 된 흥선 대원군은 아버지의 묘까지 노리는 서양 사람들에게 크게 분노했다.

"어찌 조선을 노리는 이들이 이토록 많다는 말인가? 어찌 조선 왕실의 묘까지 훼손한단 말인가?"

외세의 침략은 끊이지 않았다. 한 번 힘들게 막아 내면 그 사건을 핑계로 또 다른 침범이 이어졌다. 1871년에는 미국이 제너럴셔먼호 사건을 핑계로 강화도를 공격해 왔다. 이것이 신미양요이다.

미국은 군함 5척에 천 명이 넘는 군인과 수십 개의 대포를 싣고 쳐들어왔다. 또다시 수많은 사람들이 죽고 많은 피해를 입었지만 조선은 강화도를 지켜 냈고 미국은 아무런 성과 없이 물러났다.

병인양요와 신미양요, 두 번의 사건을 겪고 난 흥선 대원군은 척화비를 세우라 명했다.

"서양 오랑캐가 쳐들어오는데 싸우지 않는 것은 친하게 지내자는 말이고, 친하게 지내자는 말은 곧 서양 오랑캐들에게 나라를 파는 것이다! 이 말을 돌에 새겨 나라 곳곳에 세우라! 다시는 서양 오랑캐들이 조선 땅을 밟지 못하게 하라!"

우물 안 개구리는 세상을 보지 못한다

박규수의 집에 모인 사람들이 그의 말을 기다리고 있었다. 박규수가 손으로 지구의를 가리키며 말했다.

"여기가 청나라고 저기가 조선입니다. 이쪽에서 보면 청나라가 세상의 중심에 있습니다. 우리 모두 그렇게 알고 있었습니다. 하지만 저쪽에서 보면 미국이 세상의 중심이 됩니다. 기준점을 바꾸면 우리 조선이 세상의 중심이 됩니다. 기준점을 어디에 두느냐에 따라 중심이 달라집니다. 더 이상 세계의 중심이 정해져 있는 것이 아닙니다."

사람들은 깜짝 놀랐다. 그때까지 조선 사람 모두가 세상의 중심은 중국, 즉 청나라라고만 생각해 왔다. 하지만 박규수는 사람들이 지금까지 알고 있던 것과는 전혀 다른 이야기를 했다.

박규수는 조선 후기의 실학자였던 박지원의 손자였다. 실용적인 학문을 공부했던 할아버지의 영향 때문인지 박규수는 새로운 학문에 관심이 많았다.

박규수는 집으로 사람들을 불러 외국에서 새로 들여온 신기한 물건들을 보여 주고 책을 함께 읽으며 새로운 문화에 대해 공부했다. 관직을 그만둔 이후로 젊은이들과 새로운 문물에 대해 이야기하는 것이 그에게 큰 즐거움이었다. 모임이 끝나고 사람들이 돌아가자 박규수는 차를 마시며 흥선 대원군과 나눴던 대화를 생각했다.

"대원군마마, 신이 감히 드릴 말씀이 있사옵니다."
"우의정! 또 조선이 개방을 해야 한다는 말이라면 그만두시오."
"신이 보고 온 청나라는 우리가 알던 청나라가 아니옵니다. 청나라를 비롯해 조선 밖 세상이 빠르게 변하고 있습니다."
"우의정이 몸소 미국의 침략을 막아 내지 않았는가? 그들의 악행을 보고도 그런 말이 나오는가?"
"서구 열강에 패했던 청나라도 그 상처를 떨쳐 내고 그들의 문물을 빠르게 받아들여 개혁하고 있습니다. 시대가 변하고 있는 것입니다."

흥선 대원군은 제너럴셔먼호 사건을 잘 처리한 박규수를 깊이 신뢰했다. 그래서 그에게 높은 관직을 주고 청나라에 대표 사신으로 보내기도 했다.

박규수는 청나라에서 펼쳐지던 근대화 운동을 보고 깊은 감명을 받았다.

조선으로 돌아온 다음부터 박규수는 흥선 대원군에게 조선도 이제 나라의 문을 열고 개혁을 해야 한다고 주장했다. 조선과 무역을 하겠다는 나라는 많았지만 흥선 대원군이 교역을 허락한 나라는 단 한 곳, 청나라뿐이었다.

"청은 서양 오랑캐한테 무릎을 꿇었지만 조선은 지지 않았소. 조선이 개방해야 하는 이유가 무엇이란 말이오?"

"조선을 부유하게 만들고 군대를 강하게 하기 위해서입니다. 일본도 적극적으로 서양의 문물을 받아들이고 있습니다. 나라의 문을 열지 않으면 조선은 점점 뒤처질 것입니다. 오랑캐도 조선의 낡은 무기로는 더 이상 막을 수 없습니다. 강한 힘을 갖기 위해서라도 그들의 문물을 받아들여야 합니다."

"듣기 싫소! 그들은 왕실의 무덤을 파서 협상에 이용하려던 자들이오. 다시는 그들의 이야기를 입에 담지 마시오!"

김옥균이 방으로 들어오며 생각에 잠겨 있던 박규수에게 말을 건넸다.

"대감, 무슨 생각을 그렇게 하십니까? 대원군을 설득하지 못한 것이 아쉬워서 그러십니까?"

"허허. 자네 아직 안 돌아갔는가? 관직을 내려놓은 늙은이가 무엇이 아쉽겠는가. 이제 젊은 자네들이 할 일 아니겠는가? 이리 앉아 차나 한 잔 하게."

김옥균은 이제 막 관직에 오른 젊은이였다. 박규수와 가까운 곳에 살아 그의 집에 자주 들르던 사람 가운데 하나였다. 김옥균 말고도 유길준, 유대치, 박영효, 오경석 등 훗날 개화 정책을 추진했던 사람들이 그곳에 자주 모였다.

김옥균이 박규수에게 마음을 털어놓았다.

"청나라는 근대화 운동을 하고 있고 일본도 발 빠르게 서양 문물을 받아들이고 있습니다. 도대체 조선은 언제까지 이렇게 나라의 문을 굳게 닫고 있을 것인지 답답하기만 합니다."

"그러게 말일세. 세상이 바뀌고 있는데 언제까지 이대로 버티고 있을 수 있을지 걱정이 많다네."

"저는 요즘 어떻게 하면 조선을 새롭게 바꿀 수 있을까 하는 생각뿐입니다. 조선이 우물 안 개구리 같다는 생각이 듭니다. 우물 안에서 바라본 작은 하늘이 세상의 전부라고 생각하는 개구리 말입니다."

김옥균과 박규수는 식은 찻잔을 바라보며 한숨을 쉬었다.

조선의 문은 의외로 싱겁게 열렸다. 흥선 대원군이 세력을 잃고 자리에서 물러나게 된 것이다. 흥선 대원군이 물러나자 개화를 하자는 목소리가 커졌다.

흥선 대원군은 연이은 서양 세력의 침범을 막아 내고 세도 정치 가문을 몰아냈다. 세금 문제를 해결하면서 백성들의 환영을 받기도 했다. 하지만 왕권을 바로 세우겠다는 생각으로 무리하게 경복궁 재건을 추진하면서 백성들의 생활을 힘들게 했다. 나라의 이곳저곳에서 불만이 터져 나왔다. 10년 동안 아버지의 그늘에 있었던 고종도 이제 정치를 직접 하고 싶었다. 그래서 흥선 대원군의 정책에 불만을 갖고 있던 사람들을 부추겨 흥선 대원군을 물러나게 했다.

그즈음 일본의 운요호가 조선의 해안을 연구하기 위해 왔다고 핑계를 대고 강화도를 불법으로 침입했다. 결국 무력 다툼이 벌어졌다. 이후 일본은 운요호가 피해를 입었다며 그 사건을 핑계로 조선의 문을 열고 무역할 것을 요구했다.

1876년, 조선과 일본은 강화도 조약을 맺었다. 일본의 강압 아래 맺어진 불평등한 조약이었다. 그 후 조선은 다른 나라들과도 불평등한 조약을 맺고 나라의 통치권을 위협받는 상황까지 이르게 된다.

사건 다시 보기

조선의 개항

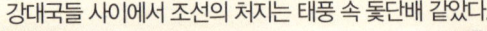

1876년 '강화도 조약'을 맺은 뒤, 조선은 점점 어려운 상황을 맞이하게 된다.

백성들은 점점 살기 힘들어지는데 정치는 불안하고 외세가 판을 치니 전봉준이 중심이 되어 농민들이 들고 일어났다. 이를 동학 농민 운동이라고 한다.

기회를 엿보던 일본군이 개입해 농민군을 진압했다.

동학 농민 운동이 있은지 3년 뒤, 고종은 조선을 자주 독립국인 '대한제국'으로 선포한다.

대한제국의 관리들은 두 가지 정치 체제로 입장이 나뉘었다.

연이어 벌어진 '청·일 전쟁'과 '러·일 전쟁'에서 일본이 승리하면서 일본은 한반도에 대한 지배권을 강화했다.

개항을 하지 않고 끝까지 버텼다면 조선을 지킬 수 있었을까?

개화와 척사, 어떻게 생각해?

우리 역사에서 가장 가슴 아픈 사건 가운데 하나는 일본에게 나라를 빼앗긴 것이에요. 어떤 사람들은 그 원인을 흥선 대원군의 쇄국 정책에서 찾기도 해요. 비슷한 시기에 일본과 중국은 적극적으로 서양 문물을 받아들이고 개혁에 나섰기 때문이죠. 중국의 *양무운동과 일본의 *메이지 유신이에요.

일본은 미국의 힘에 의해 강제로 나라의 문을 열어야 했어요. 그리고 그 방법을 그대로 사용해서 힘으로 우리나라의 문을 강제로 열었어요. 우리는 끝내 나라를 빼앗겼지요. '우리나라가 빠르게 개항을 했더라면 일본에게 나라를 빼앗기지 않았겠지?'라고 역사적 가정을 해 보며 흥선 대원군의 쇄국 정책을 비판하는 것이지요.

개항을 하던 시기에 우리나라와 중국, 일본의 나라 안 사정은 비슷했어요. 지배층의 부패가 심했고 빈부 격차가 점점 벌어졌어요. 대다수 백성들의 생활은 극도로 어려웠지요.

조선에서는 '홍경래의 난', 중국에서는 '백련교도의 난', 일본에서는 '오시오의 난'이 일어났어요. 세 나라 모두 나라 안에서부터 개혁과 변화의 목소리가 커지던 시기였어요.

우리나라보다 서양의 문물을 일찍 받아들인 일본은 개혁을 마치고 나라 밖으로 시선을 돌려 조선 정복을 계획하기 시작했어요.

양무운동
1800년대 후반에 청나라에서 일어난 근대화 운동이에요. 중국의 전통 가치는 지키면서 서양의 문물을 받아들이고자 했어요. 산업 발전은 이루었지만 사회의 근본적 개혁까지는 이루지 못했어요.

메이지 유신
1800년대 후반, 일본의 메이지 천황 때에 일어난 개혁이에요. 이때 중앙 집권 통일 국가를 이루어 근대화를 이루었어요.

무역이 아닌 침략

18세기 영국에서 시작된 산업 혁명으로 서양에서는 자본주의가 빠르게 발전했어요. 산업 혁명은 영국뿐 아니라 전 세계에 커다란 변화를 가지고 왔지요.

실을 뽑는 방적기와 천을 짜는 직조기는 하나하나 손으로 만들어야 했던 것보다 더 좋은 물건을, 더 많이, 더 빨리 만들어 낼 수 있었어요. 여기에 증기 기관의 발명 덕분에 더 먼 곳까지 가서 물건을 팔 수 있게 됐지요.

서양에서는 생산한 물건은 넘쳐 나는데 나라 안에서는 더 이상 물건을 팔 곳이 없었어요. 나라 안의 사람들이 필요로 하는 물건보다 더 많은 물건을 만들게 되었거든요. 그래서 서양의 상인들은 원료를 공급받고 물건을 팔 수 있는 새로운 시장을 찾아다녔어요. 그러다 낯선 아시아로 눈을 돌리게 되었어요.

더 많은 이익을 얻기 위해 눈이 먼 서구 열강들이 아시아를 개방시키기 위해 쓴 방법은 대포를 단 함대로 위협하는 '포함 외교'였어요. 자신들보다 힘이 약한 나라에게 강한 해군력을 앞세워 유리한 교역 조건을 이끌어 내는 정책이었지요.

바닷길을 조사한다면서 해안선 가까이 다가와 일부러 그곳의 주민들과 마찰을 일으키고, 나중에는 그 마찰을 핑계 삼아 무력으로 쳐들어오는 방식이에요.

18세기 중반, 영국은 중국의 도자기나 비단, 차 등을 굉장히 많이 수입했어요. 그러다 보니 '중국은 은의 무덤'이라는 말이 나올 정도로 영국의 돈이 중국으로 많이 흘러들어 갔지요. 중국으로 들어간 자신들의 돈을 찾기 위해 영국이 쓴 방법은 중국에 마약의 하나인 아편을 파는 것이었어요.

결국 중국과 영국은 '아편 전쟁'을 벌였고 영국이 이겼어요. 영국에게 진 이후로 중국은 서구 열강들에게 땅을 빼앗기면서 커다란 어려움에 빠졌지요.

자신들의 이익을 위해서라면 나쁜 짓도 가리지 않는 서구 열강 세력에게 조선이 문을 굳게 잠근 것은 당연해 보이기도 해요. 희생은 있었지만 조선은 병인양요와 신미양요, 두 번의 무력 도발을 무사히 막아 내기도 했어요. 흥선 대원군이 계속 나라를 다스렸다면 무사히 우리나라를 지켜 냈을지도 모를 일이지요.

하지만 중국을 무력으로 누를 만큼 강한 서구 열강이었어요. 언제까지 그들을 막아 낼 수는 없었을 거예요. 게다가 나라 안에서는 개혁의 목소리가 높아지고 있었으니까요.

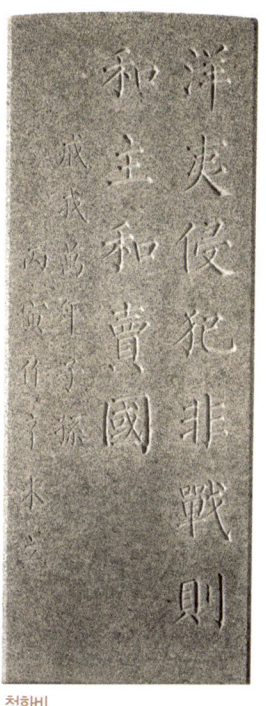

척화비

신미양요를 겪은 뒤 흥선 대원군은 서울의 종로를 비롯해 전국 각지에 척화비를 세웠어요. 강력한 서양 세력을 물리쳤으니 그것을 널리 알리고, 앞으로도 더욱 철저히 물리치겠다는 의지를 알 수 있어요.

서양 문물

조선에는 일찍부터 외국의 문물이 들어왔어요. 특히 정조 때에는 실학이 발전하면서 새로운 문물에 대한 관심이 높아졌지요. 비록 중국을 거쳐 들어오는 것이었지만 중국 외의 세상을 만날 수 있었고 새로운 과학이나 기술에 대한 연구도 활발했어요. 하지만 순조 때부터 세도 정치가 계속되면서 나라 살림은 점점 어려워지고 힘을 키울 시기를 놓치고 말았어요.

흥선 대원군이 개항에 대한 생각을 다르게 했다면 우리나라도 완전히 새로운 모습이 되지 않았을까 하는 아쉬움이 남아요. 흥선 대원군은 안동 김씨 세력에게 빼앗겼던 왕권을 되찾고 강한 왕권을 세워야 한다는 생각에 왕권을 위협하는 모든 것을 막았어요. 개혁으로 나라를 강하게 만들 수 있는 시기를 놓친 것이지요.

흥선 대원군뿐 아니라 유교 사상이 투철한 사람들은 대부분 같은 생각이었어요. 계속되는 서양의 침략에 위기감이 높았고 '모두가 평등하다'는 천주교의 사상은 받아들일 수 없는 생각이었지요. 성리학적 가치만이 지켜야 할 바른 사상이고 서양의 문물은 사악하여 물리쳐야 한다고 생각했어요. 기존의 지배 질서를 지키기 위해 무조건 외국의 것을 부정했던 것이지요.

처음 제기된 개혁론 가운데 가장 힘을 얻은 주장은 '동도서기론'이었어요. 조선의 도덕이나 윤리, 지배 질서는 유지하고 서양의 발달한 기술이나 기계는 받아들여 나라의 힘을 키우자는 생각이었어요. 기존의 것과 새로운 것을 모두 취하자는 주장이었지요.

급진적인 개화파도 있었어요. 1884년에 김옥균을 중심으로 모인 사람들은 조선의 자주 독립과 근대화를 목표로 했어요. 조선이 기존의 낡은 틀을 벗고 자본주의 근대 사회로 나아가기를 바랐지요. 그러나 이들이 일으켰던 갑신정변은 급하게 일으킨 탓에 며칠 만에 끝나고 말았어요.

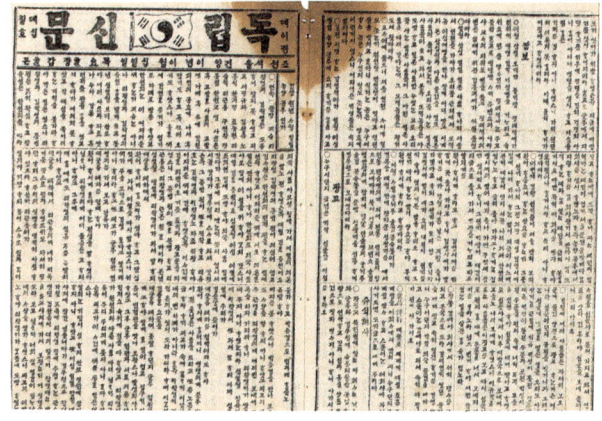

독립신문
1896년에 창간한 우리나라 최초의 민간 신문으로 개화파 서재필이 만들었어요. 19세기 말 한국 사회의 발전과 계몽에 큰 역할을 했다는 평가를 받고 있어요.

그 후 일본은 청·일 전쟁을 일으키는 한편 조선에 새 정치 기관을 구성해 개혁을 실시하게 했어요. 이것이 1894년에 일어난 갑오개혁이에요. 신분제 철폐, 노비 매매 금지, 조혼 금지 등 조선 사회가 가지고 있던 봉건적 문제를 개혁했지요. 하지만 이 개혁은 일본의 침략을 쉽게 하기 위한 부분이 있었어요. 다른 나라에게 등 떠밀리지 않고, 손도 빌리지 않고, 우리가 주도해서 하고자 했던 개혁은 끝내 쉽지 않았어요.

여전히 남아 있는 문제

갑신정변으로부터 백여 년이 훌쩍 지난 지금, 우리나라는 다른 나라들과 수많은 무역 관계를 맺고 있어요. 하지만 다른 나라

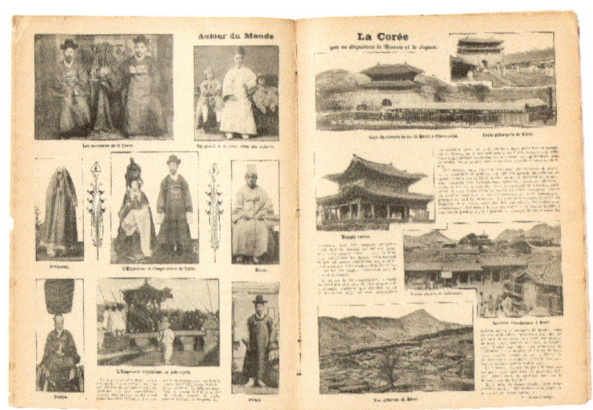

대한제국의 모습
1903년에 나온 캐나다의 주간지예요. 당시 서울의 모습이나 철도역 등 대한제국의 모습이 나타나 있어요.

들은 한국에 더 높은 수준의 개방을 요구해요. 조선이 개항하던 시기의 모습과 비슷하죠.

예를 들어 많은 나라들이 우리나라에게 '자유 무역 협정(FTA)'을 맺자고 해요. '자유 무역 협정'은 국가 간에 무역을 할 때 발생하는 장벽을 없애자는 협정이죠.

예를 들어 미국은 땅이 넓어서 많이 생산되는 쌀을 우리나라에 팔려고 해요. 미국 쌀을 많이 수입하면 사람들은 쌀을 값싸게 살 수 있어서 좋아할 거예요. 하지만 우리나라의 농민들은 미국 쌀 때문에 농사지은 쌀이 팔리지 않아서 큰 피해를 입어요. 대신 우리는 미국에 수출할 때 내는 세금을 없애 달라고 해서 자동차를 더 많이 팔 수 있어요. 자기 나라의 손해는 줄이면서 이익은 지키기 위해 각 나라의 대표들은 목소리를 높여 협상을 해요.

기업이 새로운 전자 제품을 개발하는 데에는 많은 돈이 들어요. 이렇게 만든 제품을 한국에서만 파는 것보다 다른 여러 나라에 팔면 더 많은 이익이 남겠지요. 하지만 같은 생각을 다른 여러 나라의 기업들도 하고 있어요.

옛날처럼 무역을 하자며 총과 대포를 쏘지는 않지만 그보다 더 복잡한 외교 다툼이 생길 수 있어요. 자기 나라에서 생산된 것들을 다른 나라에 팔기 위해 많은 나라들이 노력하고 있어요.

많은 나라들이 문을 열면서 문제도 공유하게 됐어요. 중국에서 산업화가 진행될수록 수많은 공장의 매연이 고스란히 한국으로 날아와요. 일본의 원자력 발전소 사고는 지구 전체의 문제가 됐어요. 한국과 북한의 사이가 나빠지면 주변 나라들도 긴장하게 돼요. 전 세계 나라들은 서로 긴밀하게 연결되어 있어요.

다시 조선 시대의 상황을 생각해 볼까요? 조선 말기에 서구 열강들이 강한 힘으로 조선의 문을 두드렸을 때 흥선 대원군은 나라의 문을 열었어야 했을까요? 정답은 없어요. 다만 역사는 반복되니까 과거와 같은 일이 되풀이되지 않도록 많은 생각을 해야 해요.

개화와 척사, 여러분은 어떻게 생각하나요?

국장도감 의궤
조선 시대 왕과 왕비가 죽었을 때 장례를 치른 내용을 기록한 책이에요. 남아 있는 것 중에서는 선조가 죽었을 때 치른 장례를 기록한 의궤가 가장 오래되었다고 해요.

성장과 분배

어떻게 하면 나라와 국민이 모두 잘 살 수 있을까?

1960년대에 우리나라에서 평균적으로 한 사람이 1년 동안 버는 돈은 백만 원도 되지 못했어요. 하지만 2015년에는 3천만 원이 넘어요. 짧은 기간 동안에 수십 배 성장한 것이지요. 그런데 여전히 힘들게 사는 사람들이 많아요. 성장한 만큼 분배가 되지 않아서일까요? 성장과 분배에 대해 우리 함께 생각해 보아요.

이야기 속으로

폐허에서 일군 한강의 기적

펑! 펑!

1971년 어느 날, 청와대 로비에서 연이어 터지는 카메라 플래시에 눈이 부셔도 박정희는 입가의 미소를 잃지 않았다.

"안녕하십니까? 박정희 대통령 각하! 당선을 축하드립니다."

"리처드 기자, 오랜만입니다. 한국말이 많이 늘었군요."

"하하하, 겨우 인사만 나눌 정도입니다."

리처드는 한국에 특파원으로 와 있는 미국인 기자로 박정희와 여러 번 만난 적이 있었다.

"이제 신문에 실을 사진은 충분할 것 같은데 접견실로 자리를 옮기시죠."

비서실장의 말에 박정희와 리처드는 자리를 옮겼다.

박정희는 외국 언론과의 인터뷰를 중요하게 생각했다. 한국이 얼마나 발전했는지 해외에 알릴 수 있는 좋은 방법이기 때문이었다. 이번 인터뷰는 제7대 대통령으로 당선된 다음 처음으로 하는 것이라 더 중요했다.

"각하, 다시 한 번 당선을 축하드립니다."

"예, 감사합니다."

"이번에 3선에 성공하셨는데요, 소감 한 말씀 부탁드립니다."

"무엇보다도 제가 시작했던 '경제 개발 5개년 계획'을 제 손으로 계속 발전시킬 수 있어서 다행입니다. 국가와 민족을 위해 이 목숨이 다할 때까지 노력할 생각입니다."

"각하께서 재임하시는 동안 대한민국은 정말 눈부시게 발전했습니다. 해외에서는 '제2의 라인 강의 기적'이라고 부르고 있습니다."

"고맙습니다. 하지만 한 가지는 고치고 싶군요. 라인 강은 유럽에서 흐르는 강이지요. 앞으로는 '한강의 기적'이라고 불러 주십시오."

"한강의 기적이라……. 멋진 말입니다! 하하하, 기사 제목으로 써야겠습니다."

"잘 써 주십시오, 하하하."

박정희는 한국의 경제를 키운 것이 자랑스러웠다. 그동안 얼마나 노력했던가. 6·25 전쟁이 끝나자 한국에 남은 것은 잿더미뿐이었다. 수백만 명이 죽거나 다쳤고 먹을 것이 없어 굶어 죽는 사람들도 있었다. 전쟁이

끝나고 10여 년이 지나도록 북한의 경제가 더 앞서 있을 만큼 나라 사정이 힘들었다.

박정희는 정치인들이 답답하고 무능해 보였다.

"국민들이 이렇게 살기가 힘든데 정치인들은 대체 뭘 하고 있는 거야?"

1961년 5월 16일 쿠데타를 통해 정권을 잡고 나서 박정희는 경제를 발전시키는 데 많은 노력을 기울였다.

리처드 기자가 인터뷰를 계속했다.

"각하께서 대통령이 되시기 전, 그러니까 국가재건최고회의 의장이셨던 때부터 경제 개발 5개년 계획을 시작하셨지요?"

"잘 아시는군요. 1962년에 1차 계획을 발표했습니다. 처음 5년 동안은 경제가 발전하기 위한 기초를 만드는 데 힘썼지요."

"기초라고 하면 어떤 것을 말씀하시는 거죠?"

"몸속의 피가 잘 흐르기 위해서 혈관이 있어야 하는 것처럼 나라의 경제도 잘 돌아가기 위해서는 기초 시설이 필요합니다. 사람들이 다니거나 물건을 나를 수 있는 도로, 나라 구석구석에 전기를 보낼 수 있는 시설 등이 필요하지요. 이런 시설들이 경제 발전의 기초입니다."

"그런 시설을 갖추려면 돈이 많이 들지 않습니까? 죄송한 말씀입니다만 한국 정부에는 그만한 돈이……."

리처드 기자의 말에 박정희는 쓸쓸하게 웃었다.

"돈이 없기에 어디에서라도 구해야 했습니다. 어떻게라도 말입니다."

"아까 라인 강과 한강 이야기도 나왔는데, 한국은 독일과도 인연이 많죠?"

"그렇습니다. 한국의 많은 젊은이들이 먼 독일 땅에 광부와 간호사로 가 주었습니다. 그들의 임금을 대가로 독일에서 돈을 빌려 올 수 있었습니다."

한국이 돈을 빌려 온 나라는 독일만이 아니었다. 박정희 대통령이 펼친 정책들 가운데 국민들이 크게 반발했던 것 가운데 하나는 '한·일 협정'이었다. 침략에 대한 사과도 받지 않은 상태에서 일본과 관계를 맺을 수 없다고 반대하는 사람들이 많았다. 하지만 박정희는 뜻을 굽히지 않았다. 비서실장이 여론 조사 결과를 보고했다.

"각하. 지금 여론이 좋지 않습니다. 아무래도 일본과의 협정은 시기를 조금 늦추시는 게……."

"나라고 좋아서 이러겠어요? 나라의 경제가 엉망인데 하루라도 빨리 공장을 세워야 하지 않겠어요? 물건을 만들어서 빨리 수출을 해야 경제가 삽니다! 언제까지 자존심만 세우고 있을 겁니까? 당장 진행하세요!"

1965년, 끝내 한일 협정이 이루어졌고 일본과 한국의 관계가 정상화되었다. 협정을 통해 한국 정부는 일본으로부터 돈을 빌려 왔다. 그 돈은 한국 경제를 발전시키는 발판이 되었다.

리처드 기자가 말을 이었다.

"각하. 이번에는 1970년의 이야기를 좀 해 볼까 합니다. 여름에 경부 고속 도로가 완공되었습니다. 큰 공사를 이렇게 빠른 시간 안에 완성한 것은 굉장한 일입니다."

"고맙습니다. 이제 그 도로를 통해 우리 경제가 고속으로 발전하게 될 거라고 확신합니다."

"하지만 가슴 아픈 사건도 있었는데요. 대통령께서는 지난 11월에 있었던 전태일 씨 사건에 대해서 어떻게 생각하십니까?"

기자의 질문에 통역사가 통역을 잠깐 멈췄다. 박정희도 '전태일'이라는 이름이 나오자 표정이 굳어졌다.

우리는 기계가 아니다

"삼발이 사려! 조리 사려!"

"삼발이 사려! 조리 사려!"

전태일이 외치자 동생인 태삼이가 그대로 따라 외쳤다.

"똑같이 외치면 어떻게 해? 팔아야 할 다른 물건들도 많은데!"

"똑같이 외치면 어떻게 해? 팔아야 할 다른 물건들도 많은데!"

"태삼이, 너! 계속 장난만 칠거야?"

태일이 태삼이의 머리를 쥐어박는 시늉을 했다. 그러자 태삼이가 사과를 했다.

"형, 미안해. 하도 안 팔리니까 심심해서 그랬지."

"안 팔리니까 더 잘 해야지. 우리가 뭘 파는지 알려야지."

"알았어, 형! 삼발이 사려! 조리 사려! 빗자루, 쓰레받기 사려!"

자기 몸보다 큰 박스를 짊어지고 고래고래 소리를 지르는 동생을 보면서 태일은 화를 낸 것이 미안했다.
'저렇게 소리를 지르면 더 배고플 텐데.'
하루 종일 먹은 거라고는 묽게 끓인 죽 반 공기가 전부였다. 전쟁이 끝난 뒤 모두가 살기 힘들었지만 아버지가 다쳐서 일을 못하게 되자 전태일네 가족은 더욱 힘들어셨다.
전태일과 어린 동생은 그때부터 돈을 벌어야 했다. 어린 형제는 동네를 다니며 작은 물건을 팔았다. 고작해야 전태일이 11살, 전태삼이 9살이었다.

돈벌이를 찾아 여기저기 떠돌던 전태일은 1965년에 동대문 평화 시장에 있는 공장에서 일하게 되었다. 평화 시장의 1층에는 옷 가게가 모여 있었고, 2층에는 옷 만드는 공장이 있었다. 2층의 공장은 공간을 나누어 좁은 방 여러 개를 만들고 재봉틀을 가져다 놓은 곳이었다.
공장에서 태일이 처음으로 한 일은 재봉틀을 돌리는 사람들을 옆에서 돕는 것이었다.
"쿨럭쿨럭."
"태일아, 괜찮아? 첫날이라 그래. 좀 지나면 적응이 될 거야."
"쿨럭쿨럭, 네. 그나저나 이곳 공기는 정말 나쁘네요."
태일은 환기를 시킬 창문 하나 없는 곳에서 많은 먼지를 고스란히 다 마시며 일해야 했다. 그런 나쁜 환경에서 매일 14시간씩 힘들게 일을 하고 받는 돈은 하루에 50원이었다. 당시 50원은 차 한 잔 값이었다. 게다가 쉴 수 있는 날은 한 달에 겨우 한두 번 뿐이었다.

태일은 당장은 힘들어도 기술을 배우면 나중에 돈을 많이 벌 수 있을 것이라는 생각에 열심히 일을 했다. 전에 아버지에게 배운 적이 있었기 때문에 남들보다 빨리 기술을 익혔다.

"다녀왔습니다."

"형, 왔어?"

"그래, 공부 잘하고 있었어?"

"태일이 왔니? 일하기 많이 힘들지? 얼른 저녁 먹자."

"예, 어머니. 먼저 좀 씻을게요. 공장에 어찌나 먼지가 많은지……."

형편이 어려워지자 겨우 초등학교 4학년 때부터 학교도 그만두고 돈을 벌기 시작했던 전태일이었다. 밤이 늦어서야 지친 모습으로 돌아온 아들을 보자 태일의 어머니는 마음이 아팠다.

태일은 집에서 가족들을 돌보듯이 공장에서도 늘 동료들을 챙겼다. 시간이 지날수록 태일을 따르는 사람들이 많아졌다.

"형! 태일이 형! 큰일 났어요! 순옥이가 잘린대요!"

태일이 시간에 쫓겨 허겁지겁 밥을 먹고 있는데, 같이 일하는 개남이가 소리치며 뛰어왔다.

"갑자기 그게 무슨 말이야? 아파서 누워 있는 순옥이를 왜?"

"순옥이가 폐렴이라고 못 나오는 바람에 공장의 손해가 커졌다고……."

"뭐라고? 순옥이가 왜 병에 걸렸는데? 그건 너무 하잖아!"

막내 여동생과 이름이 같아서 태일이 더 마음을 썼던 순옥이었다.

순옥은 공장의 먼지를 너무 많이 마셔서 폐렴에 걸렸다. 하지만 돈이 없어서 병원에 갈 생각은 하지도 못했다. 약을 먹고 조금 괜찮아지면 다시 공장에 나오고, 병이 심해지면 쓰러지는 생활을 반복하고 있었다. 그렇게 일하다 얻은 병인데 해고를 당한 것이다. 태일은 화가 나서 사장에게 따졌지만 상황은 달라지지 않았다. 태일 혼자서는 할 수 있는 일이 없었다.

"내 말은 간단해. 법대로 살자는 거야."

태일이 자신 주위로 모여 앉은 예닐곱 사람들의 눈을 하나하나 바라보며 이야기했지만 반응은 시큰둥했다.

"우리야 당연히 법 없이도 살지요. 윤숙이는 차가 한 대도 지나가지 않아도 신호등에 빨간불이 켜져 있으면 건너지 않더라고요."

사람들은 웃음을 터뜨렸고 윤숙은 얼굴이 빨개져 말을 꺼낸 개남이의 옆구리를 꼬집었다.

"하하하. 그래, 법을 안 지키는 사람들은 따로 있어. 자, 들어 봐. 근로자가 일하는 시간은 법으로 정해져 있어. 그 시간보다 더 일하면 넘은 시간만큼 돈을 받아야 하지. 이런 법이 있는데 지키는 사람이 없어."

"그런 법이 있었어요? 법대로 월급을 받았으면 우리는 벌써 부자가 됐겠네요."

"하하하!"

개남이의 말에 사람들은 다시 웃음을 터뜨렸고 태일은 웃음이 멈추기를 기다렸다가 말을 이었다.

"그런 법이 있어! 근로 조건의 기준을 정해 놓은 법이야. 근로 기준법이라고 하지."

"그럼, 오빠 말은 우리가 같이 근로 기준법을 공부하자는 거예요?"

"그렇지! 윤숙이가 내 마음을 잘 아는구나!"

태일의 말에 윤숙의 얼굴이 또 빨개졌다.

1969년, 전태일은 평화 시장 근로자들의 모임인 '바보회'를 만들었다.

"태일 형! 그런데 법을 공부하자는 모임 이름을 '바보회'로 정한 거예요? 바보회가 뭐예요, 바보회가."

"우리가 바보니까. 근로자이면서도 바보처럼 근로 기준법이 있는 지도 몰랐잖아. 그 법을 지키지 않은 사람들한테 바보처럼 이용만 당하면서도 말 한 마디 못했어. 그러니까 우리는 바보 맞아. 그런 바보들만 모였으니까 바보회지."

모두가 전태일을 쳐다봤다.

"오늘은 바보 맞아. 하지만 앞으로는 우리 공부하고 깨우쳐서 바보로 살지 말자!"

태일이 얼굴에 웃음을 담아 말했지만 아무도 웃지 않았다. 모두 굳은 표정이었지만 무엇인가 결심한 듯 서로 눈을 맞추고 고개를 끄덕였다.

사람답게 일하고 싶다

"왜 안 된다는 겁니까? 우리가 많은 것을 요구하는 것도 아니잖습니까? 근로 환경이 법에 쓰여 있는 대로 지켜진 것인지 확인만 해 주세요."

"내가 거기까지 갈 시간이 안 돼요, 시간이."

전태일은 몇 시간째 시청에서 같은 말을 반복하고 있었다.

"일단 와 주세요!"

"내가 평화 시장에 왜 가요? 여기서 이러지 말고 동대문 구청에나 가서 이야기해 보세요. 왜 여기서 이러는지 모르겠네."

"지금 동대문 구청에서 오는 길입니다. 그곳에서는 여기 시청으로 가 보라고 했어요. 도대체 누가 근로 환경을 감독하는 겁니까?"

공무원은 대꾸하기도 싫다는 듯 귀를 후비며 딴청을 피웠다.

태일이 시청을 나오자 밖에서 기다리던 개남이 얼른 달려왔다.

"태일이 형! 이야기는 잘 됐어요?"

"소용없어. 여기 말고 노동청으로 가야한대. 거기서 하는 일이라고."

그 말을 들은 개남은 바닥에 털썩 주저앉아 버렸다.

"여기 가랬다, 저기 가랬다. 대체 왜들 그래요?"

"그러게 말이다. 해결은커녕 우리의 말을 제대로 들어 주는 곳이 한 곳도 없구나."

태일이 열심히 뛰어다녔지만 돌아오는 것은 무시와 거절뿐이었다. 태일과 개남은 시청 앞에 나란히 앉았다.

"내가 정말 바보라서 이런 걸까? 아, 이럴 때 우리를 도와줄 수 있는 힘 있는 사람이 나타났으면 좋겠다."

"어휴, 갑자기 그런 사람이 어디서 나타나요? 그런 사람이 왜 우리를 도와주겠어요? 말이 되는 소리를 해요."

"그런가? 하하하."

태일은 개남과 함께 웃었지만 마음은 구멍이 난 듯 아프고 답답했다.

태일은 평화 시장에서 일하는 사람들에게 설문 조사를 했다. 열악한 근로 조건에 대한 자료를 모아 노동청에 진정서를 냈지만 해결된 것은 아무 것도 없었다. 태일은 청와대에도 정성껏 편지를 써서 보냈다.

존경하는 대통령 각하, 안녕하십니까?

저는 평화 시장에서 옷을 만드는 재단사입니다.

이곳에서는 열다섯 살의 어린 아이들이 일주일에 98시간을 일합니다. 한 달에 겨우 2일을 쉽니다. 하루 종일 나쁜 공기를 마시고 햇볕을 쬐지 못해 폐병에 걸립니다. 건강 검진도 형식적이라 필름도 넣지 않고 엑스레이 사진을 찍습니다. 근로 감독관도 노동청도 저희의 말을 들어 주지 않습니다.

하루 14시간의 작업 시간을 줄여 주십시오. 적어도 일요일에는 쉴 수 있게 해 주십시오. 건강 진단을 정확하게 받게 해 주십시오.

지금 재봉 보조사들이 받는 일당을 올려 주십시오.

태일이 한 요구는 무리한 것이 아니었고 인간으로서 요구하는 최소한이었다. 답답하고 억울한 마음에 보낸 편지였지만 중간에 사라져 대통령한테 전달되지도 않았다. 달라지는 것은 없었고 태일이 할 수 있는 일도 없었다.

박정희 대통령은 각 부처 장관들과 국무회의를 하고 있었다.

"각하, 올해도 경제 성장률 목표치를 무난히 달성할 것 같습니다."

"좋습니다. 하지만 여기서 만족해서는 안 됩니다. 이제 우리 국민도 잘 살아 봐야 하지 않겠습니까? 새마을 운동을 더욱 알리고 국민들이 더 많이 참여하도록 노력하세요! 경제 개발 계획의 진행 상황도 수시로 보고하세요. 오늘 회의는 이것으로 마치겠습니다."

작년부터 시작한 새마을 운동이 생각보다 빨리 자리 잡아 가는 모습에

박 대통령은 마음이 뿌듯했다. 1962년부터 진행한 '경제 개발 5개년 계획'의 성과로 경제 성장률이 8%에 육박했다. 수출도 빠르게 늘고 있었다. 박 대통령은 무엇보다 굶는 사람이 없도록 식량을 생산하는 데 큰 힘을 써 왔다. 이제 한국도 조금만 더 노력하면 잘 살게 될 것이라는 생각에 마음이 들떴다.

박 대통령은 기분 좋게 대통령 집무실로 돌아왔지만 책상에 있는 〈뉴욕 타임스〉의 기사를 보자 표정이 변했다. 〈뉴욕 타임스〉의 기사 제목은 '박정희 대통령 3선 기념 단독 인터뷰 – 노동자를 밟아 일어선 한국 경제'였다. 비서실장이 박정희의 안색을 살피며 말했다.

"죄송합니다, 각하. 리처드 기자가 약속된 내용으로만 기사를 쓰겠다고 했는데……."

"기자한테 화나는 게 아니에요. 상황을 잘못 파악하고 있는 사람들한테 화가 납니다. 생기는 대로 다 먹어 치우면 곳간에 쌀이 모이겠어요? 그렇게 해서 어느 세월에 선진국이 되겠어요? 10년 전만 해도 다들 굶고 살지 않았습니까? 지금 밥 굶는 사람 있어요?"

"옳은 말씀이십니다, 각하."

"휴, 그나저나 여론은 좀 어떻습니까?"

"그게……. 대학생들이 시위를 하고 야당에서 계속 기자 회견을 하고 있어서 쉽게 진정되지는 않을 것 같습니다."

6개월이 지났지만 아직도 전태일 사건이 진정되지 않고 오히려 점점 커지고 있는 상황이었다.

"알겠습니다. 나가 보세요."

"예, 각하!"

박 대통령은 창밖을 바라보며 깊은 한숨을 쉬었다. 박 대통령은 멀리 보지 못하고 눈앞의 일만 생각하는 사람들이 이해가 되지 않았다. 국가와 민족은 잊어버리고 자기 배 채울 생각만 먼저 하는 사람들이 답답했다.

6개월 전인 1970년 11월.

평화 시장 앞에 선 전태일은 평화 시장을 올려다보았다. 그리고 손에 있는 근로 기준법이 적힌 책을 보았다.

전태일은 끊임없이 진정서를 보내고 노동청을 찾고 기자들을 만났다. 태일의 노력이 빛을 보는 듯했다. 열심히 뛰어다닌 끝에 평화 시장의 열악한 근로 조건과 심각한 근로 환경이 여러 신문에 실렸다.

사람들도 관심을 갖기 시작했다. 주위의 눈을 의식해서인지 노동청에서도 환경을 개선해 주겠다고 약속했다. 모든 것이 다 잘 풀리는 것 같았다.

하지만 약속은 말 뿐이었다. 바뀐 것은 아무것도 없었다. 평화 시장의 근로자들은 여전히 폐병에 걸리고 쉬지도 못한 채 일해야만 했다.

근로 기준법은 아무것도 지켜지지 않았다. 전태일은 자기가 할 수 있는 일이 더 이상 없는 것 같았다.

"아무도 지키지 않는 법, 아무짝에도 쓸모없는 근로 기준법. 차라리 불태워 버리자."

전태일과 평화 시장의 근로자들은 평화 시장에서 '근로 기준법 화형식'을 열었다. 전태일은 근로 기준법이 적힌 책에 석유를 끼얹고 불을 붙였다.

사건 다시 보기

근로 기준법을 준수하라

1970년 11월 13일. 전태일은 평화 시장 앞에 섰다.

성장과 분배, 어떻게 생각해?

박정희는 1961년 5월 16일, 일부 군인들을 모아 정부를 무너뜨리고 권력을 잡았어요. 이 사건을 5·16 군사 정변이라고 해요. 우리의 현대사에서는 날짜가 붙은 사건이 많이 있어요. '4·19 혁명'이나 '5·16 군사 정변' 처럼 말이에요.

박정희가 이끄는 정부는 처음부터 여러 가지 논란 속에 시작했어요. 앞서 1960년에 자유당 정권은 이기붕을 부통령으로 당선시키려고 투표를 조작했어요. 이런 부정 선거에 반발해 선거 무효와 재선거를 요구하는 목소리가 높아졌어요.

1960년 4월 19일, 대학생들을 중심으로 국민들은 혁명을 일으켰어요. 이 사건을 '4·19 혁명'이라고 해요. 국민들의 목소리가 커지자 오랫동안 정권을 잡고 있던 이승만 대통령은 자리를 내놓고 물러났어요. 국민들이 스스로의 힘으로 지켜 낸 민주주의였어요.

하지만 4·19 혁명 1년 뒤, 박정희가 군인들을 이끌고 나타나 '국가 재건 최고 회의'를 만들고 의장이 되었어요. 새로운 국회와 정부가 생길 때까지 대한민국의 통치 기관이 되겠다는 것이었죠.

5·16 군사 정변이 비판받는 이유는 국민들이 4·19 혁명으로 되찾은 민주주의가 꽃을 피우기도 전에 무력으로 정권을 잡은 것이기 때문이에요. 물론 6·25 전쟁이 끝난 지 얼

새마을 노래
박정희 대통령이 직접 작사, 작곡한 노래로 방송 매체를 통해 아침, 저녁으로 방송했어요. 새마을 운동을 널리 알리는 데 사용됐어요.

박정희 대통령
1970년대 말, 박정희 대통령이 포항 제철을 둘러보고 있는 모습이에요. 박 대통령은 빠른 경제 성장을 위해 온 힘을 기울였어요.

마 되지 않은 때였기 때문에 나라를 이끌려면 강한 힘이 필요했었다는 주장도 있어요.

박정희는 혼란한 상황을 정리하고 나라가 안정되면 2년 뒤에 다른 사람에게 정권을 넘기겠다고 약속했어요. 새로 대통령 선거가 치러졌고 박정희가 대통령으로 당선되었지요.

군인이 아니라 정치인으로서 선거에 나왔고 국민들이 직접 뽑았으니 정당한 일이었다고 말하는 사람도 있어요. 처음 했던 약속과 달리 정권을 넘긴 것이 아니라고 말하는 사람도 있어요. 평가가 갈리지만 대체로 박정희 대통령이 경제 발전을 이뤘다는 점은 인정받고 있어요.

박정희가 일구어 낸 성장의 빛

박정희 대통령은 배고픔에 시달리는 국민들에게 민주주의는 빛 좋은 개살구라고 생각했어요. 굶어 죽게 생긴 상황에서 가장 필요한 것은 밥이라고 여겼지요. 가난에 허덕이던 국민들도 '우리도 한번 잘 살아 보세'라고 노래를 부르며 더 나은 미래를 위해 열심히 일했어요.

박정희 대통령은 집권할 때부터 5년 단위로 계획을 세워 경제 개발을 추진했어요. 일제 강점기 동안 우리나라는 많은 식량과

자원들을 일본에게 빼앗겼어요. 나라가 황폐해진 상황이었지요. 게다가 6·25 전쟁을 겪으면서 상황은 더 힘들어졌어요. 다른 나라들로부터 도움을 받아야 했어요.

박 대통령은 제조업과 수출 위주로 경제를 발전시키려고 했어요. 우리나라는 자원이나 돈이 없었기 때문에 낮은 임금을 바탕으로 가발이나 섬유 등을 만들어 수출했지요.

시간이 지나면서는 화학 제품의 원료를 만드는 공업을 키워 경제 성장을 주도했어요. 해마다 10퍼센트 이상 경제가 성장했어요. 경제가 발전하면서 교육의 기회도 넓어졌어요. 많은 사람들이 중등 교육을 받을 수 있게 되었거든요.

도시를 중심으로 공업화가 이루어지자 사람들은 도시로 몰려들었어요. 박 대통령은 농촌도 발전시키려고 '새마을 운동'을 벌였어요. 농촌을 근대화 시키고 도시와 농촌이 균형 있게 발전할 수 있도록 한 것이죠. 여러 나라에서 새마을 운동을 배우러 찾아오기도 했어요.

박 대통령은 전쟁의 상처를 딛고 전 세계가 주목하는 경제 성장을 일궈 냈어요.

박정희에게 주어진 분배의 빚

박정희 대통령은 경제 개발을 가장 급한 일이라고 생각했어요. 경제를 발전시키기 위해서 다른 것은 희생할 각오를 해야 한다고 주장했지요. 국민들 개개인보다 기업의 성장이 우선이라고 여겼어요. 그 결과 국민들이 희생을 강요받을 수밖에 없었어요.

  많은 근로자들이 광부나 간호사로 독일에 건너가 열심히 일했어요. 베트남 전쟁에서 한국은 미국 다음으로 많은 군인들을 베트남에 보냈어요. 그들의 월급 덕분에 정부는 많은 외화를 벌고 수출도 많이 할 수 있었어요. 하지만 수많은 사람들이 타국에서 고생하거나 전쟁을 치르며 목숨을 바쳐야 했어요.

  경제를 발전시키기 위해서라지만 일본과의 국교 수립을 서두른 것도 큰 반발을 샀어요. 일제 강점기에 대한 일본의 반성과 사과가 먼저라고 많은 국민이 반대했지만 일본에게 돈을 빌리기 위해 그런 목소리는 묵살되었어요.

  당시에는 우리 모두가 전태일이었어요. 열악한 환경에서 열심히 일했던 근로자였지요. 전태일의 요구는 무리한 것이 아니었어요. 하루 14시간의 작업 시간을 10~12시간으로 줄여 달라는 것이었어요.

  일주일에 하루는 쉬게 해 주고, 일하다가 나빠진 몸을 돌보기 위해 건강 검진을 정확하게 해 달라는 것이었어요. 하지만 기업들은 근로자들이 기계처럼 일하기를 바랐어요. 그래서 전태일은 '우리는 기계가 아니다'라고 외칠 수밖에 없었지요. 법에 쓰인 대로 근로 기준법을 지켜 달라는 말이었어요.

박정희 대통령은 먼저 성장부터 하고 나중에 국민들에게 분배하겠다고 이야기했어요. 그러나 성장은 이루었지만 분배는 제대로 이루어지지 않았어요. 여기서 말하는 분배가 단지 더 높은 월급만을 이야기하는 것은 아니에요. 사람으로서 누려야 할 최소한의 복지나 지켜져야 할 인권이에요.

청계천 봉제 공장
평화 시장의 봉제 공장들은 대낮에도 불을 켜야 보일만큼 어두웠고, 허리를 펴지도 못할 만큼 천장이 낮았어요. 이렇게 나쁜 환경 속에서 근로자들은 하루에 14시간씩 일해야 했어요.

최저 임금 제도나 남녀 고용 평등법, 국민 연금 제도나 의료 보험 제도처럼 국민들의 삶을 위한 제도들은 생긴 지 오래되지 않았어요. 전태일의 희생으로 자라난 노동 운동이 자리 잡고 민주화가 이루어진 다음에나 생겼지요. 박 대통령이 일구어 낸 성장의 혜택은 대다수의 국민들에게 제대로 돌아가지 않았어요.

성장과 분배, 박정희와 전태일

박정희 대통령의 시절보다 지금 우리나라는 더 발전했어요. 하지만 '성장과 분배'에 대한 입장의 차이는 여전히 벌어져 있어요. 경제 성장이 먼저라고 주장하는 사람들은 '돈을 먼저 벌어야

전태일 흉상
전태일의 죽음을 기리기 위해서 청계천의 버들다리 위에 세운 전태일의 흉상이에요. 전태일의 죽음은 한국 노동 운동 발전에 중요한 계기가 됐어요.

나누지'라고 말해요. 분배를 먼저 생각하기 시작하고 복지에 신경을 쓰면 개인이 발전하고자 하는 동기를 잃을 거라는 말이지요.

성장이 더 중요하다고 믿는 사람들은 복지 정책으로 열심히 일하지 않아도 살 수 있다면 아무도 열심히 일하지 않을 거라고 해요. 열심히 일하지 않는다면 경제 발전도 어렵겠지요. 또 성장이 계속되면 분배 문제가 자연스럽게 해결될 것이라고 말해요. 소득의 차이가 심해지면서 사회가 부자와 가난한 사람으로 나누어지겠지만 어쩔 수 없는 일이라고 하죠.

분배를 고려해 성장해야 한다고 주장하는 사람들은 분배가 잘 이뤄지지 않으면 오히려 경제가 성장할 수 없다고 말해요. 열심히 일해도 자신에게 돌아오는 것이 적은 소득 불평등이 계속된다면 사회 구성원들의 불만이 커지게 된다는 것이죠. 일한 만큼 얻지 못하니 열심히 일할 이유가 없다는 거지요.

또 성장이 계속되면 분배 문제가 해결될 거라는 말에도 반대해요. 부자는 더 부자가 되고 가난한 사람은 점점 더 가난해진다는 '빈익빈 부익부' 현상이 심해질 거라고 걱정해요.

우리나라는 빠른 속도로 경제가 발전했지만 지금은 주춤한 상태예요. 세계적으로도 경제가 불황이라는 이야기가 많이 나와요. 우리나라에서 생활이 힘들어 고통을 호소하는 사람들이 많아지고 있고 각 가정의 빚도 늘어나고 있어요. 성장이 먼저일까요, 분배가 먼저일까요? 옛날이나 지금이나 우리가 함께 풀어야 할 숙제죠.

여러분은 성장과 분배에 대해 어떻게 생각하나요?

사회 양극화 현상
소득이나 재산 등의 경제적 불평등이 심해지면 사회는 크게 부자인 사람과 가난한 사람으로 나뉘게 돼요. 부자인 사람들은 대를 이어서 계속 부자가 되고, 가난한 사람들은 대를 이어서 계속 가난하게 살게 되지요.

열다 지식을 열면, 지혜가 열립니다. 나만의 책을, 열다.

어떻게 생각해? 한국사 3

초판 1쇄 발행 2017년 5월 30일
초판 5쇄 발행 2019년 11월 20일

글 이승원 | 그림 정재윤 김수연

ⓒ 이승원 2017
ISBN 979-11-88283-01-9 74910
ISBN 979-11-960102-7-0 (세트)

* 저작권법에 의하여 한국 내에서 보호를 받는 저작물이므로 무단 전재와 무단 복제를 금합니다.
이 도서의 국립중앙도서관 출판예정도서목록(CIP)은 서지정보유통지원시스템 홈페이지(http://seoji.nl.go.kr)와 국가자료공동목록시스템(http://www.nl.go.kr/kolisnet)에서 이용하실 수 있습니다. (CIP제어번호 : CIP2017011493)
* 책값은 뒤표지에 있습니다.
* 잘못 만들어진 책은 구입하신 곳에서 바꾸어 드립니다.

발행처 주식회사 스푼북 | 발행인 박상희 | 출판신고 2016년 11월 15일 제2017-000267호
제조국 대한민국 | 주소 (03993) 서울시 마포구 월드컵북로 6길 88-7 ky21빌딩 2층
전화 02-6357-0050(편집) 02-6357-0051(마케팅)
팩스 02-6357-0052 | 전자우편 book@spoonbook.co.kr
*10세 이상 어린이 제품

제품명 어떻게 생각해? 한국사 3	제조자명 주식회사 스푼북	제조국명 대한민국	⚠ 주 의
전화번호 02-6357-0050	주소 서울시 마포구 월드컵북로 6길 88-7 ky21빌딩 2층		아이들이 모서리에 다치지 않게 주의하세요.
제조년월 2019년 11월 20일	사용연령 10세 이상		
※ KC마크는 이 제품이 공통안전기준에 적합하였음을 의미합니다.